Notre monde : dégoûtant mais génial!

BEURK!

LE LIVRE DIFFÉRENT ET FASCINANT SUR

L'ÉCOLE

Eric Braun

SAUNDERS BOOK COMPANY

Hi Jinx est publié par Saunders Book Company,
27 Stewart Road, Collingwood,
ON Canada L9Y 4M7

Marysa Storm, édition; Michael Sellner, conception graphique; Catherine Cates, directrice artistique; Omay Ayres, recherches photographiques; Anne-Sophie Seidler, traduction de l'anglais

Catalogage avant publication de Bibliothèque et Archives Canada

Braun, Eric, 1971-
[Awesome, disgusting, unusual facts about school. Français]
Beurk!, le livre différent et fascinant sur l'école / Eric Braun.

(Notre monde, dégoûtant mais génial!)
Traduction de: Awesome, disgusting, unusual facts about school.
Comprend des références bibliographiques et un index.
ISBN 978-1-77092-450-5 (couverture rigide)

1. Écoles--Ouvrages pour la jeunesse. I. Titre.
II. Titre : Awesome, disgusting, unusual facts about school.
Français

LB1556.B7314 2018 j371 C2018-900904-7

Imprimé aux États-Unis

Crédits photos :
Shutterstock : Angeliki Vel, 15 (soleil); BlueRingMedia, 7 (petits microbes), 21 (microbe); brovkin, 3 (barreaux), 19 (barreaux); CKP1001, 16 (barres à l'avoine); Cory Thoman, 7 (inscription sur la fontaine d'eau); Fotosr52, 1 (arrière-plan); helgascandinavus, 12 (étoile arrière-plan); Iryna Liveoak, couverture (effaces); Jakinnboaz, 8; Julien Tromeur, 4 (microbes), 5 (microbes), 7 (gros microbes), 23 (bas); Lorelyn Medina, 10 (enfants, échecs); media point inc, 6-7 (fontaine d'eau); Memo Angeles, 2-3, 3 (fille, bureau), 4 (bureau, fille), 6, 11 (enfants), 12 (enfants), 12-13 (Terre, enfants), 13 (enfants), 14 (enfants), 14-15 (enfants), 15 (enfants) 19 (bureau, fille), 20 (bas); Pasko Maksim, quatrième de couverture (haut), 11 (haut), 23 (haut), 24; Pavel Eltsov, 7 (arrière-plan), 21 (arrière-plan); phoelixDE, 14-15 (terrain); Pitju, 9 (coin), 16 (coin), 21 (coin de la page); Polina Gazhur, 3 (arrière-plan), 19 (arrière-plan); robuart, 16 (garçon); Ron Dale, couverture (inscription au marqueur), 1 (inscription au marqueur), 3 (inscription au marqueur), 5 (haut), 6 (haut), 10 (haut), 14 (haut), 20 (haut); Ron Leishman, 9 (gens), 11 (arrière-plan); sabbracadabra, 16 (jupe); totallypic, 14–15 (flèches); urfin, 6–7 (casiers); your, 15 (nuages)

TABLE DES MATIÈRES

Chapitre 1

PRÉPARE-TOI POUR LA RENTRÉE

Assois-toi. La classe commence. C'est l'heure d'apprendre tout sur ton sujet favori… l'école. Sors ton cahier et prends des notes sur les microbes à l'école. Tu vas également tout savoir sur les règles et les punitions absurdes. C'est parti!

Chapitre 2

DÉGOÛTANT ET PLEIN DE MICROBES

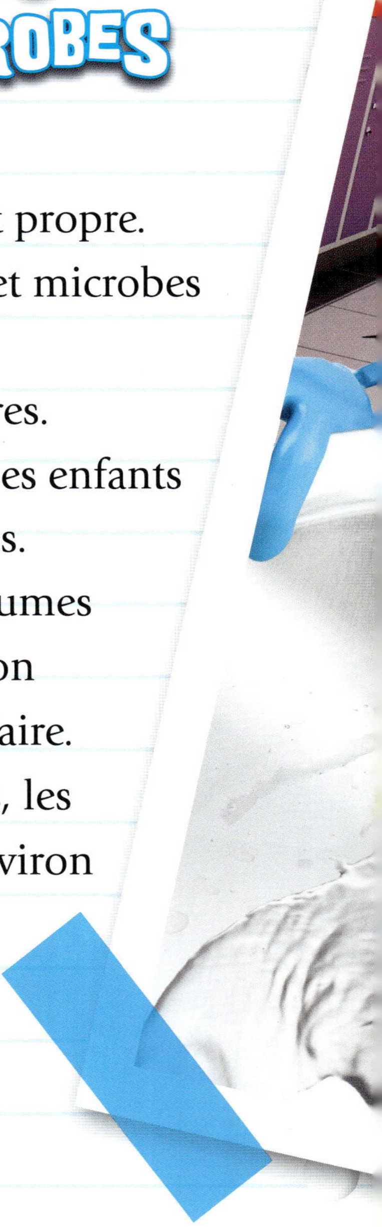

L'école est tout sauf un endroit propre. En fait, elle grouille de bactéries et microbes en tout genre.

Les fontaines d'eau sont les pires.

À cause de tous ces microbes, les enfants du primaire sont souvent malades. La plupart des enfants ont des rhumes ou des infections grippales environ 10 fois au cours d'une année scolaire.

Rien qu'aux États-Unis, les enfants manquent environ 22 millions de jours de classe accumulés par an à cause des rhumes.

Une étude a démontré qu'il y a environ 3 millions de germes sur le robinet d'une fontaine d'eau. On n'en a trouvé que 3200 sur le siège des toilettes.

Étape 1

Mets du savon.

Étape 2

Frotte les paumes de tes mains l'une contre l'autre ainsi que tes doigts.

Étape 3

Frotte le bout de tes doigts.

Étape 4

Frotte tes poignets.

Étape 5

Rince tes mains.

Étape 6

Sèche-toi les mains.

Aux lavabos! C'est l'heure du repas!

Se laver les mains est un excellent moyen d'éviter les maladies. Mais veille à le faire correctement. D'après une étude, seuls 28 pour cent des enfants lavent correctement leurs mains.

Trouves-tu ton repas à la cantine dégoûtant? En 1936, le gouvernement américain fit des suggestions pour les repas. Il proposa entre autres de servir des sandwichs au beurre et aux légumes et des sandwichs au beurre d'arachides et au fromage cottage. Beurk!

Les crayons de plomb sont apparus avant les effaces. Comment effaçait-on alors? Avec de la mie de pain roulée en boule!

Chapitre 3

TOUR DU MONDE DES ÉCOLES

Quelle est ta matière préférée? Si tu vivais en Arménie, cela pourrait être les échecs. Là-bas, les enfants ont tous des cours d'échecs.

Tu n'aimes pas ranger ta chambre? Imagine avoir à nettoyer ta salle de classe! Au Japon, les élèves participent souvent au nettoyage de leur école. Les enseignants disent que cela aide les élèves à devenir plus **responsables**.

Tous les deux ans, des équipes du monde entier s’affrontent lors de l’Olympiade d’échecs. L’Arménie est sortie gagnante en 2006, 2008 et 2012.

À travers le monde

La plus grande école élémentaire du monde se trouve en Inde. La City Montessori School compte près de 40 000 élèves! Cela en fait des camarades de classe!

Imagine-toi aller dans une école où il n'y a pas de professeurs. Cela fait rêver, n'est-ce pas? Eh bien, au Japon, c'est une réalité. Là-bas, il n'existe pas de professeurs remplaçants, donc lorsqu'un enseignant est absent, les élèves étudient souvent tout seuls en silence.

Chapitre 4

RÈGLEMENTS BIZARRES ET STUPIDES

Au fil des ans, certaines écoles ont créé des règles complètement folles. Certaines écoles par exemple ont **banni** les meilleurs amis. Dans d'autres écoles, on n'a pas le droit de toucher la neige. Ailleurs, les ballons de football et de soccer sont interdits durant la récréation.

Voici un sujet épineux. Une école en Virginie, aux États-Unis, a établi une règle stricte : pas de contacts physiques. Pas d'accolades, pas de « tope là », et ce, sans aucune **exception**!

Certaines écoles interdisent la vente de gâteaux. Elles sont d'avis que les collations sucrées peuvent conduire à l'obésité.

C'est interdit!

Voici d'autres règles absurdes.

Une école a arrêté de servir des barres à l'avoine en forme de triangle. La raison? Les coins sont dangereux! Un élève avait lancé un de ces triangles et un coin avait atteint un autre élève au visage.

J'en ai les jambes coupées! Une école a interdit aux garçons de porter des shorts. En signe de **protestation**, certains garçons vinrent alors à l'école en jupe.

Au Texas, une école a banni les chandails rayés ou à carreaux. Les gens là-bas trouvaient que ces motifs distrayaient les élèves.

L'école continue de servir des barres à l'avoine, mais carrées. Les carrés n'ont-ils pas plus de coins que les triangles?

Punitions sévères

As-tu déjà oublié de rendre un livre à la bibliothèque? Dans les années 1800, une université infligeait une punition sévère aux **retardataires** : ils étaient mis en prison pour quelques jours!

Les punitions sévères existent toujours de nos jours. En 2010, une fille de 12 ans a été arrêtée à New York pour avoir gribouillé sur son bureau.

Au Texas, dans une école secondaire, les élèves qui ne respectaient pas le code vestimentaire n'étaient pas envoyés en prison, mais devaient porter des vêtements de prisonnier.

Chapitre 5
PLUTÔT COCASSE!

Certains élèves se sont rebellés contre les règles absurdes. Pendant des années, une école a interdit à ses élèves d'utiliser des bâtons de baume à lèvres. La direction craignait que les élèves se prêtent leurs bâtons et **propagent** ainsi des maladies. En 2014, une élève décida d'essayer de changer cette règle. Elle lança une **pétition**. Plus de 300 élèves la signèrent et elle remit les signatures aux dirigeants de l'école.

Pour aller plus loin

1. Que penses-tu de la règle « pas de contacts physiques » ? Pourquoi est-ce plutôt bien ou pourquoi est-ce plutôt mal ?
2. Qu'aimerais-tu changer dans ton école ? Pourquoi ?
3. Selon toi, à quoi ressemblera l'école de demain ?

GLOSSAIRE

exception : cas dans lequel une règle ne s'applique pas

obésité : lorsque quelqu'un est très gros, a un surplus de poids

pétition : demande écrite adressée à une personne, un groupe ou une organisation

propager : répandre quelque chose, une maladie par exemple

protestation : quelque chose qu'on dit ou qu'on fait pour exprimer que l'on n'est pas d'accord

responsable : lorsque l'on prend quelque chose en charge

retardataire : personne qui est ou qui fait quelque chose en retard

INDEX